AF497855

Extrait du livre intitulé :

L'AMPHITHÉÂTRE

EN 1865-66

———

CHAIRE

D'HISTOIRE DES CIVILISATIONS

M. E. BOUTMY, Professeur

———

LEÇON D'OUVERTURE

IMPRIMERIE L. TOINON ET Cᵉ, A SAINT-GERMAIN.

CHAIRE

D'HISTOIRE DES CIVILISATIONS

Professeur : M. E. BOUTMY

LEÇON D'OUVERTURE

Messieurs,

A première vue, on s'étonne de rencontrer un cours d'histoire générale sur le programme d'une école d'architecture. Qu'on vous enseigne la géométrie, la physique, l'hygiène, rien n'est plus naturel : le rapport de ces sciences avec votre art est évident. Mais qu'ont à faire ici les mœurs des Égyptiens et les idées religieuses des Grecs? Qu'en tirerez-vous jamais pour l'aménagement d'un hôtel et le beau style d'un escalier de palais? Voilà ce que demande l'esprit positif.

Il m'importe, il vous importe à vous-mêmes
que cette question soit discutée et résolue avant
toute autre : l'utilité et la convenance de ce
cours en dépendent.

De longues réflexions, mûries par le doute,
m'ont convaincu que l'histoire des civilisations
est ici à sa place. Je n'en dirai qu'une raison,
la plus essentielle.

Les monuments des temps anciens sont un
de vos sujets d'étude les plus importants : vous
les regardez, vous les copiez sans cesse; ils forment votre goût. Plus tard vous leur emprun-
terez des distributions, des ornements, des
oppositions de pleins et de vides, des artifices
de perspective. Que ne doit pas la moindre
construction moderne aux ruines de la Grèce et
de Rome, aux chefs-d'œuvre moins atteints qu'a
laissés la Renaissance ?

Il vous importe donc, non-seulement de connaître les grands styles, mais de les bien comprendre. Or leur sens le plus profond échappe
à l'œil de l'artiste; il ne se découvre et ne s'é-
claire que dans le vaste tableau de la civilisation toute entière. Les architectures originales

ne sont pas en effet une simple collection de figures qui plaisent aux yeux; c'est une des langues les plus senties, les plus chargées de pensée et de passion qui parlent les croyances religieuses, les habitudes sociales, les intérêts politiques de chaque siècle. Sans doute la fantaisie de l'architecte a disposé librement de plus d'un détail; mais toutes les formes essentielles, toutes les dispositions typiques ont cédé à la pression des grands faits moraux contemporains, comme la terre au doigt du sculpteur; le style de chaque époque n'est guère autre chose que cette puissante empreinte. C'est donc à l'histoire, haute interprète des idées générales qui ont fait de ces formes leurs symboles, des passions qu'elles ont satisfaites, des mœurs qui s'y sont trouvées à l'aise, du tour d'esprit qui les a suggérées, goûtées et propagées, qu'il appartient d'en déterminer le sens et d'en marquer l'accent.

Je trouve un exemple qui me tente dans une partie spéciale et néanmoins essentielle de l'architecture, l'art des jardins :

Si vous le considérez au xviie siècle sous

Lenôtre, puis au xviiie sous Brown et Kent, vous trouverez qu'il a entièrement changé d'un siècle à l'autre. Est-ce un hasard ? Non ; cette transformation du jardin répond avec une justesse parfaite à la transformation qui s'est faite dans l'esprit, dans l'imagination et dans les mœurs de 1650 à 1750.

En 1650, l'un des grands traits de l'esprit, c'est que l'homme ne veut voir que l'homme ; il ne fait pas attention à la nature, ou s'il la regarde, ce n'est pas pour y retrouver une famille de créatures fraternelles qui font écho à ses sentiments ; il se la figure comme un magasin d'instruments faits à sa main ; il y cherche des agréments et des commodités pour lui et ses semblables. La phraséologie du temps révèle cette tendance ; le gazon n'y est jamais qu'un tapis, le chêne qu'un ombrage ; encore n'apparaissent-ils guère dans les œuvres poétiques, réservées pour la peinture de l'homme et de ses sentiments.

Et maintenant, cet homme lui-même, qu'est-il ? La société de cette époque s'offre sous la figure d'un personnage puissant disposant des honneurs, des places, des pensions, et groupant autour de lui ceux qui convoitent ces faveurs mondaines. Ils sont tous là, maîtresses, courtisans, parasites, pédants, bravaches, bouffons, suivant de l'œil chaque mouvement du patron, quêtant un signe de tête, flairant et aspirant une largesse, cherchant à se rendre agréables; et la force, la sécurité, la gloire du patron est d'avoir le plus possible de ces hommes dévoués à sa fortune, associés à sa vie, **et** de les traiter magnifiquement.

Vous voyez à quoi mène un tel état social. La vie à cette époque est entièrement dénuée de fraîcheur; il n'y germe pas la plus petite pastorale. Elle est toute faite d'intrigues, d'artifices, de représentation, d'apparat, de politesse. C'est, si vous voulez un mot plus moderne, une vie de salon et de conversation par excellence, c'est-à-dire avec exclusion et effacement de tous les goûts et de toutes les idées qui naissent du séjour à la campagne et de la rêverie solitaire.

Que sera le jardin pour des hommes ainsi faits? Vous le devinez, ce sera le salon agrandi,

étendu au delà des murs de la maison et jusqu'aux limites du parc. Dans ce salon *sub Dio*
en quelque sorte, il n'y a rien qui ne réponde
par sa disposition à une disposition semblable
du salon intérieur. Les buis figurent la plinthe,
les charmilles taillées se posent sur les troncs
également espacés des chênes comme des ten-
tures accrochées à une colonnade; ce noble
horizon au bout de l'allée rappelle la belle ta-
pisserie de Flandre qui fait le fond de l'appar-
tement; ces statues en file rappellent la rangée
des portraits d'ancêtres. Dans cette avenue
droite, semblable à une galerie intérieure du
palais, sur ce sable fin qui respecte les talons
rouges, je crois voir le grand seigneur se pro-
mener à l'aise, suivi de sa cour qui s'espace avec
ordre dans les largeurs de l'allée. Il parle à
tous, s'il veut; s'il veut, il s'avance avec le fa-
vori du moment et les autres marchent à dis-
tance. Aucune sinuosité, aucun accident de ter-
rain n'arrête ou ne distrait cette procession en
cérémonie; parfois seulement une statue, une
copie de l'antique attire les regards du maître,
lui permet de montrer des restes de latin aux-

quels le pédant de la troupe répond par une allusion savamment adulatrice. Recomposez, Messieurs, en complétant ces quelques traits par ceux qui sont dans votre mémoire, la vie des hommes du xviie siècle, et vous comprendrez pourquoi c'est alors qu'a fleuri le style de Lenôtre, dont le modèle le plus parfait est le parc de Versailles, de même que le type achevé de la société que je viens de décrire est la cour de Louis XIV.

Au xviiie siècle tout a changé. On n'a plus qu'une pensée : c'est de revenir à la nature. On croit que la civilisation a gâté l'œuvre divine. Qui nous rendra l'homme pur, l'homme non corrompu par la société, les lettres et les arts? C'est le cri que le xviiie siècle répète après Rousseau. Et cet homme, on le cherche partout, chez les Troglodytes, en Chine, dans les forêts de l'Amérique. Retrouver le sauvage et lui ressembler, c'est le rêve de la France et de l'Europe pendant tout le dernier siècle.

Il est aisé d'imaginer le jardin qui plaira à de tels hommes. Ce ne sera plus le salon agrandi ; ce sera la forêt restreinte, ramenée aux dimensions d'un parc. Il y faudra tout ce qu'on trouve dans la forêt naturelle ; des essences variées poussant au hasard, des branches projetées à l'aventure, des feuillages qui se dénouent sur le sentier. Le sentier lui-même sera sinueux, montera, descendra, tournera, traversera quelque ruisseau amené là par la pente, débouchera brusquement dans une clairière ; ici un tertre, des rochers, quelques arbres morts même. comme Brown en faisait mettre à Kensington : n'y en a-t-il pas dans la nature? Plus loin je rencontre un pont, formé d'un tronc d'arbre, comme le pourrait faire un habitant des forêts, et j'aperçois même dans ce bras élargi du ruisseau la pirogue du Mohican. Des chèvres, des buffles, des cerfs ajouteront à cet ensemble un charme rustique ou sauvage. Tel est en effet, Messieurs, le style des jardins dessinés par Brown et Kent. Ici encore, vous voyez avec quelle justesse ce style répond à l'état d'imagination des hommes qui se sont plu à le créer ou à l'imiter.

Cet exemple vous montre, Messieurs, ce que les commentaires de l'histoire ajoutent à l'étude oculaire des monuments; ils démêlent l'esprit vivant qui remplit ces formes matérielles, ils en trouvent le sens et en marquent le vrai caractère. L'enseignement de cette chaire et celui dont il est la préface (1), n'ont point un autre objet, et, à ce titre, mon insuffisance seule pourrait vous rendre incertains de leur convenance et de leur haut intérêt.

C'est à M. Ch. Blanc que reviendra la tâche de vous faire suivre dans le détail ces correspondances délicates de l'état social et de l'architecture. Mon rôle est plus modeste; il consiste à poser largement et solidement le premier des termes du rapport, en esquissant à grands traits toutes les civilisations au sein desquelles a fleuri une architecture générale. Les Hindous, les Assyriens, les Perses, les Égyptiens, les Grecs, les Romains, les Arabes, les Byzantins, le Moyen âge, la Renaissance, le XVIIe, le XVIIIe et le XIXe siècles; voilà, suivant l'ordre des temps et d'après les divisions naturelles des races, toute la matière des leçons qui vont suivre.

(1) Le cours sur l'histoire comparée de l'architecture, qui sera professé, l'année prochaine, par M. Charles Blanc.

Le temps me manquerait pour aborder au-
'ourd'hui l'un de ces graves sujets, d'ailleurs
une autre question m'attire. Je voudrais user de
la liberté que comporte une leçon d'ouverture
pour étudier les influences que la qualité du sol,
le climat, la distribution des animaux et des
plantes, la configuration des continents et des
mers, la disposition des montagnes, des vallées
et des plaines ont exercées sur la société humaine
primitive. Nous poursuivons ici, vous le voyez,
des causes plus générales que le génie des races,
antérieures même à toute vie sociale : ce sont
comme les lois ante-historiques de la civilisation
que nous demandons à l'examen des forces de
la nature et des conditions où s'est trouvée l'humanité naissante.

I

Avant d'entrer dans le sujet lui-même, il con-
vient de poser les idées générales qui le domi
nent et d'où descendra la solution de chaque

problème particulier. J'aborde cette préface nécessaire.

Une première question se pose d'elle-même :
Qu'est-ce que la civilisation? La civilisation,
Messieurs, est l'accroissement régulier et suivi
du capital d'outils et de moyens de subsistance,
de faits connus et d'idées générales, de procédés et de talents acquis dont l'humanité dispose. Remarquez le mot capital; il vous met
sur la trace des deux conditions générales qu'il
faut à la civilisation pour prospérer; ce sont
celles sans lesquelles aucune *épargne* ne peut
se conserver ni s'accroître. Supposons en effet
que par une lacune dans la suite des générations, les richesses épargnées ne trouvent
plus de travailleurs pour les consommer re-
productivement ni les vérités acquises de cer-
veaux pour les recevoir et les transmettre à
d'autres. Évidemment, le fonds social accumulé
jusque-là sera perdu sans retour, et tout sera
à refaire pour le nouvel essaim, s'il en sort un
quelque jour d'un nouvel effort de l'énergie
créatrice. La première condition essentielle du
progrès est donc que des circonstances propices

assurent l'hérédité continue des générations.
La seconde est que l'homme, après avoir pourvu
à sa subsistance, ait du temps et de la force de
reste. Sans le loisir, sans la liberté fertile d'un
esprit dispos, on peut conserver les biens acquis, mais on ne les augmente pas; car ces
deux choses sont comme l'atmosphère où ger-
ment et fleurissent jusqu'au fruit l'observation,
la comparaison, le raisonnement, artisans de
toute nouveauté. Comment avez-vous trouvé la
loi de la gravitation? demandait-on à Newton. —
En y pensant toujours. — Il en est ainsi de toutes
les grandes œuvres de l'esprit; il faut pouvoir y
penser souvent et longtemps. Aujourd'hui, si la
civilisation n'avait d'autre artisan que le pêcheur
de Bretagne, exilé pendant huit jours à la recherche d'un beau coup de filet ou le *spinner* de Man-
chester absorbé par le gouvernement machinal
de sa bobine, elle ne ferait aucun progrès; mais
elle a aussi le savant auquel ce travail stérile
en lui-même ménage de féconds loisirs. De
même, à l'origine, la société ne deviendra pro-
gressive que si des circonstances favorables,
suppléant en partie à l'effort humain dans les

œuvres de pure conservation, dégagent, au profit de la réflexion posée et recueillie, une somme considérable de temps et d'énergie intellectuelle.

Ces conditions peuvent nous sembler aujourd'hui bien simples et bien faciles à réunir; mais que de chances elles ont pour dépasser les forces et la portée de la société naissante! Songez que cette société n'a aucune partie de l'outillage dont nous nous servons aujourd'hui; les métaux et partant les instruments du labourage, les appareils de l'industrie, les armes lui manquent à la fois; les animaux propres à la domestication sont encore sauvages; aucune réserve de choses comestibles ne lui garantit sa subsistance pendant les saisons stériles : en un mot elle n'a pas encore la première des épargnes qui doivent former son capital matériel. Le capital intellectuel ne lui fait pas moins défaut. Aucune observation n'a été recueillie; aucun art n'est sorti des erreurs instructives du passé; la tradition n'est pas née. Les facultés de l'esprit sont pour ainsi dire à l'état fluide; vingt ou trente siècles passeront encore avant que les analytiques d'Aristote et l'organum de Bacon aient donné une forme définie et cristalline à la déduction et à l'induction. La simple abstraction même ne s'est pas dégagée et isolée des impressions sensibles ; elle reste comme enveloppée par les brumes matinales de l'imagination. Il est presque impossible de se figurer, sans l'atténuer involontairement par quelque mélange des biens que la longue vie de l'humanité a laissés après elle, un tel état d'indigence et de faiblesse, de confusion et de stupeur, de disette expérimentale et d'inexpérience logique.

Vous voyez où nous en sommes, Messieurs, nous tenons les deux conditions générales de la civilisation, à savoir l'hérédité continue des générations et de vastes loisirs laissés à l'homme par les soins de la vie pratique ; nous tenons aussi un fait essentiel, l'extrême impuissance de la société primitive. Avec ces données, nous pouvons aborder le problème plus spécial qui est proprement le sujet de cette leçon. Il est vraisemblable, en effet, que cette société si faible n'a pu se développer partout indifférem-

ment ; lorsqu'elle l'a fait, c'est sans aucun doute
grâce à des circonstances singulièrement propices de sol, de climat, de configuration géographique. Ce sont ces circonstances qu'il s'agit de
déterminer ; bien comprises et groupées avec
art, elles n'expliquent pas moins que le lieu pri-
mitif où la civilisation apparaît, le sens suivant
lequel elle s'avance, les limites qui la bornent
à chaque époque, le procédé par lequel elle ac-
complit son œuvre et se propage.

II

Je prends l'un après l'autre les grands faits
naturels et j'essaie de déterminer l'influence
qu'ils ont eue sur la société humaine primitive.
Le plus important de tous, le plus riche en
conséquences, est le climat.

La première condition du progrès, en ce genre,
c'est que le pays auquel le pouvoir créateur
confie la première génération humaine ait un
climat égal : j'entends par là que la température

n'y ait point de variations très-étendues et très-rapides. On sait, en effet, à quel point ces variations sont dangereuses, même pour des hommes pourvus d'une expérience et de ressources qui sont l'œuvre des siècles. Elles ont donc chance de détruire entièrement le premier essaim, si neuf aux dangers, si pauvre en moyens de résistance; c'est pourquoi partout où l'écart entre les maximums de chaud et de froid est considérable, partout aussi où l'atmosphère passe brusquement d'une basse température à une température élevée, vous pouvez prononcer *à priori* que la civilisation, s'il y en a une, n'a point été primitive et autochtone, qu'elle a été importée ultérieurement, et qu'elle avait d'abord éclos et grandi ailleurs, dans un milieu atmosphérique moins variable.

Je prends pour exemple le territoire des États-Unis d'Amérique. Depuis deux siècles, la civilisation s'y est développée avec une énergie et une impétuosité qui font contraste avec la stérilité des temps antérieurs. N'est-ce pas un fait significatif que dans cette même région où des races nées et mûries ailleurs ont trouvé toutes les conditions d'un progrès rapide, deux ou trois mille ans n'aient produit sur place qu'une société incroyablement indigente en idées, en instruments, en expérience : celle des tribus indiennes? Cette pauvreté de la production indigène et primitive a pour cause, selon toute apparence, l'extrême inconstance du climat.

Consultez les voyageurs, les géographes, et au premier rang Volney, qui a vu et décrit avec le soin le plus minutieux toutes les provinces de l'Amérique du Nord. Sa description date de 1798, c'est-à-dire d'une époque où le système de défrichement, appliqué depuis sur la plus vaste échelle, n'avait pas encore changé sensiblement les anciennes conditions atmosphériques. Or voici quelles étaient, de son temps, les variations de la température annuelle, dans quelques-unes des principales villes d'Europe et d'Amérique, situées à peu près au même degré de latitude :

	Latitude.	Max. de chaud.	Max. de froid.	Échelle de variation
Rome	41 53	24°	0°	24°
Marseille	43 17	25°	4°	29°
Padoue	45 22	29°	10°	39°
Salem (près Boston)	42 35	31°1 2	19°1 2	51°

Il vous suffit, Messieurs, d'un coup d'œil jeté sur ce tableau pour voir que l'échelle de variation a une étendue bien autrement considérable en Amérique qu'en Europe. Il y a des États, par exemple le Massachusets, où elle ne comprend pas moins de 60 à 66 degrés Réaumur, et dans les provinces les plus favorisées, en Caroline, en Géorgie elle atteint jusqu'à 32 ou 34 degrés. De là vient que les voyageurs qui arrivent de pays plus méridionaux et à température plus constante, par exemple de Caracas, trouvent que la chaleur devient d'autant plus accablante qu'ils remontent vers le Nord. Elle l'est, en effet, non par son élévation absolue, mais par le violent contraste des températures successives et par le sentiment de dépression physique qui en est la suite.

Si vous considérez de même l'échelle des variations diurnes, vous voyez qu'elle a en Amérique une étendue considérable. En Pensylvanie elle atteint assez ordinairement 6 à 8 degrés Réaumur, et à Savannah, Henri Ellis vit d'un jour à l'autre une variation de 21 degrés. Enfin l'inconstance de l'atmosphère égale celle de la température : « Je n'ai point vu, dit Volney, le même vent régner trente heures de suite aux États-Unis. » Ces vents sont en outre plus forts qu'en Europe, ce qui produit des pluies instantanées et un grand nombre d'orages.

De tous ces faits ensemble, Messieurs, ressort une conséquence qu'il suffit d'énoncer. Toutes les causes de maladie et de mort que produisent dans notre hémisphère les changements de saison, de température, d'état hygrométrique, se retrouvent aux États-Unis, elles s'y retrouvent multipliées, accrues, aggravées au point que ce n'est pas trop de toutes les observations et de toutes les ressources accumulées par une longue suite de générations, pour les bien connaître et s'en garantir. Comment le premier essaim, si fragile et si menacé, n'aurait-il point succombé ? l'espace de quelques printemps, voilà tout ce ce qu'il pouvait obtenir d'une série extraordinaire de hasards heureux ; après cela il disparaissait, entraînant avec lui son épargne d'instruments et de connaissances, laissant tout à refaire à une génération sortie d'un nouveau germe. Une succession sans cesse rompue d'essais avortés, de commencements sans suite, voilà donc ce que de sérieuses inductions nous font entrevoir dans le passé ante-historique de l'Amérique du Nord ; et en effet, l'organisation rudimentaire et visiblement récente des Peaux Rouges, à une époque où l'Europe en est à sa seconde floraison intellectuelle et sociale, démontre, par le caractère incomplet et tardif d'un tel résultat, à quel point l'inégalité du climat fait obstacle à la première éclosion du progrès.

Vous pouvez vous donner une preuve inverse de la même loi en étudiant ce qui s'est passé en Égypte. L'Égypte est un pays dont les conditions atmosphériques sont à peu près invariables. « Après les Libyens, dit Hérodote, il n'y a point d'hommes qui aient un meilleur tempérament que les Égyptiens. Cela vient, je pense, de ce que les saisons ne varient jamais dans ce pays ; car ce sont les variations de l'air et des saisons qui sont la cause des maladies. » Or, vous n'ignorez pas que l'Égypte a été le siége de la plus ancienne civilisation qu'il y ait eu au monde. Nous sommes ainsi ramenés

par une autre voie à la même conclusion que
tout à l'heure, à savoir que la société primitive
n'a pu se développer avec suite que dans les
pays où la constance des conditions atmosphériques assurait, par un surplus de chances
favorables, l'hérédité continue des générations
et la transmission des connaissances acquises.

III

Une seconde circonstance, non moins décisive, est l'intensité du froid.

Au premier abord, la rigueur du climat
semble une condition favorable. En effet, le
froid est un stimulant. Directement ou par
réaction, il donne au corps, aux nerfs, à l'âme
elle-même, une activité supérieure à celle des
contrées chaudes, et cette supériorité se traduit
par un excédant dans la masse des biens produits et des connaissances acquises. Représen-
tez-vous un Londoner de la cité, grand, maigre,

l'œil fixe, allant droit à ses affaires de ce pas rapide qui faisait dire à Hamilton, qu'un Anglais a toujours l'air d'aller chercher un accoucheur ; puis, faites sortir du souvenir d'un tableau de Decamps l'image d'un Turc de Constantinople, assis sur une natte, les jambes croisées, et contemplant à travers les vapeurs du narguilé les magnificences de la Corne d'Or. Vous saisirez ainsi dans deux sensations contiguës les effets opposés du froid et du chaud, sur le tempérament et les aptitudes de l'homme. Nul doute que le premier ne soit plus propre que l'autre à hâter les accroissements de l'épargne sociale et à multiplier ainsi les instruments du progrès ultérieur. C'est évidemment à une influence de ce genre que l'Angleterre a dû dans les temps modernes la supériorité de sa civilisation sur les civilisations méridionales.

Toutefois, cette influence favorable ne pouvait guère devenir décisive que dans un état de civilisation assez avancé et au sein d'une société déjà pourvue de tout le nécessaire. A une époque où on en est encore à la question de vivre, la rigueur du climat est bien plutôt un òbstacle au progrès, parce qu'elle augmente à la fois les besoins de l'homme et la difficulté de les satisfaire. La construction d'une demeure, par exemple, est bien plus compliquée dans les pays froids que dans les pays chauds : il ne faut pas moins qu'une enceinte parfaitement close au vent, à la pluie, aux intempéries de toutes natures. C'est la maison de pierres ou de briques, avec sa maçonnerie disposée avec art, ses toits angulaires, ses gouttières pour l'écoulement des eaux, etc...... en un mot, avec tout un ensemble de conditions qui supposent une longue suite de calculs et d'efforts. Par des raisons du même ordre, l'habitant des pays froids a besoin d'un vêtement épais et d'un tissu serré, et comme les végétaux ne lui fournissent que les éléments bruts d'étoffes légères et pénétrables, c'est aux animaux qu'il devra prendre les peaux et les laines dont il couvre son corps. Or, les animaux fuient ou se défendent, ce qui oblige l'homme à les poursuivre et à les combattre, non sans beaucoup de peine et de dangers. Qui ne se rappelle, pour l'avoir vue sur des estampes, la courte et

massive figure du Lapon, enfoui sous sa triple
fourrure, laborieusement enlevée au renne rapide ou à l'ours féroce. Même difficulté pour
l'alimentation. Le mouvement presque conti-
nuel, qui est nécessaire pour entretenir la chaleur vitale, amène une déperdition considérable
de matière ; il faut pour y suppléer une nour-
riture abondante, et le soleil pâle, le sol sans
chaleur n'accordent rien qu'au travail assidu
et à une habileté qui est l'œuvre des siècles.
L'appétit des races germaniques, qui ne se
satisfait pas à moins de cinq repas par jour,
les procédés artificiels et compliqués de l'a-
griculture anglaise, sont des exemples de cette
double nécessité. En outre, la respiration
devenant d'autant plus rapide que le froid
est plus intense, il faut que les aliments soient
de nature à réparer l'énorme quantité de car-
bone qu'elle consomme, d'où il suit qu'ils
devront être composés surtout d'huiles et de
graisses. Au lieu d'une nourriture végétale, qui
est celle qu'on se procure avec le moins de
frais, l'homme des pays froids recherche donc
surtout la chair des animaux. On sait en effet

que les légumes sont à peine représentés dans la cuisine anglaise, et l'Esquimau dévore, dit-on, jusqu'à vingt livres de viande par jour. La chasse, la pêche, l'élève des bestiaux, œuvres où l'on ne réussit qu'au prix de beaucoup de travail, de temps et d'art, seront donc, dès l'origine, des industries indispensables dans les pays à basse température.

Il est facile de voir, Messieurs, que toutes ces conséquences tendent à une conséquence ultérieure unique, à savoir, que la civilisation primitive n'a pu naître ni se développer dans les zones froides. En effet, la faiblesse et l'ignorance de l'homme étant extrêmes, ses besoins très-étendus, ses moyens de subsistance rares et compliqués, la conservation de l'espèce et la succession suivie des générations, deviendront des œuvres d'une difficulté supérieure aux forces dont la nature dispose en de tels climats. Que de chances pour que le froid, la faim, la dent des animaux féroces, les maladies anéantissent à plusieurs reprises le premier essaim! Ainsi, la première condition de la civilisation primitive, la continuité, ne pourra être obtenue ou ne le sera qu'à grand'peine. La seconde, qui est le loisir et la liberté d'esprit, manquera plus sûrement encore. Si notre pauvre colonie se conserve, ce sera à la condition que tous ses efforts, toute son attention appartiennent au soin impérieux de la subsistance. Chasser, pêcher, conduire ses troupeaux de pâturage en pâturage, voilà de quoi remplir la vie de ces hommes; des milliers d'années passeront avant qu'ils puissent faire aucune autre chose ou seulement perfectionner l'outillage dont ils s'aident dans ces œuvres quotidiennes; car, pour cela même, il faut du temps et une application soutenue. Dans de telles conditions, j'imagine qu'il n'y aurait point de premier jour pour le progrès, si le contact d'une race mieux pourvue, apportant à ces déshérités des connaissances qui accélèrent la production, des instruments qui abrégent le travail, ne leur procurait enfin, avec la première épargne, une première heure de loisir et de recueillement. Jusqu'à cette rencontre souvent tardive, les races autochtones des pays froids seront condamnées à dépenser toutes leurs forces dans l'œuvre inférieure de la

conservation, et à rester privées de toute culture supérieure.

Les Bretons d'Agricola, les Gaulois de Jules
César, les Tartares contemporains, confirme-
raient au besoin la loi qui vient d'être énoncée;
je m'en tiendrai aux Scythes d'Hérodote. Vous
n'ignorez pas que la présence et le labeur de
l'homme ont fait en Europe ce qu'ils font partout ailleurs; ils y ont élevé la température et
adouci le climat; les glaces du Tibre et de
l'Arno chantées par Horace sont inconnues aux
almanachs modernes. La Scythie était donc
singulièrement plus froide autrefois qu'aujour-
d'hui. « L'hiver, écrivait Hérodote, y dure six
mois entiers, et la température est encore très-
basse pendant quatre autres mois. »

Or, quelles ont été les destinées de la civilisation parmi ces peuples? Elle y est restée rudimentaire; elle n'a pas fait le moindre progrès
pendant des siècles. Considérez le monde médi-
terranéen au temps d'Hérodote; dans les par-
ties chaudes vous apercevez la société égyptienne en décadence, la société grecque en pleine
fleur. En philosophie, en morale, en religion,

en politique, l'esprit humain **a découvert les vérités essentielles sur lesquelles nous vivons encore; en poésie, il a créé ou prépare des œuvres qui ne seront pas surpassées. Dans le même temps, que voyez-vous en Scythie? Héro-dote vous l'apprend : Les hommes habitent sur des chariots avec leurs femmes et leurs enfants; la plupart vivent de fromages faits avec du lait de jument. Si quelques tribus consomment des** céréales, c'est que le voisinage de la colonie grecque d'Olbia, à l'embouchure de l'Hypanis, les a initiés au labourage et convertis à la nour-riture végétale. Mais le grand nombre est resté nomade. Leurs instincts et leurs mœurs repro-duisent assez exactement ce que nos pionniers d'Amérique racontaient des peuplades indien-nes. Comme les Peaux Rouges, ils ont l'habitude de scalper; ils vident ensuite la peau du crâne, la pétrissent et s'en font des trophées qu'ils attachent à leurs selles; ils boivent aussi le sang de leurs ennemis. Leur manque d'indus-trie dépasse toute croyance; le chanvre pousse sur leur sol à l'état natif, et tout près d'eux les Thraces s'en fabriquent de si beaux habits,

qu'on dirait du lin ; les Scythes après tant de
siècles n'en savent rien faire, si ce n'est d'en
brûler la graine sur des pierres rougies au feu ;
il sort une vapeur épaisse ; ils s'y plongent
et en sortent tour à tour en poussant des cris
confus. Voilà, Messieurs, où en sont ces peuples
à la veille du siècle de Périclès. Maintenant
laissez couler sept cents ans, et tandis que les
régions chaudes de l'Europe vous offriront le
spectacle de la robuste civilisation romaine succédant aux délicatesses de la société grecque,
les Scythes seront encore dans le même état
d'ignorance et de barbarie : tant il est vrai que
l'extrême rigueur du climat est un obstacle
invincible au progrès d'une société primitive.
Il ne faudra pas moins que l'invasion de l'Em-
pire, c'est-à-dire un large emprunt au capital
d'instruments et d'expérience formé sous un
ciel plus tempéré, pour dégager de cette lutte
improductive contre une nature rebelle, l'excédant de temps, d'énergie et d'attention sans lequel il n'y a pas de progrès possible.

IV

L'élévation de la température a une influence non moins considérable sur la société humaine naissante.

Au premier abord, les pays où la chaleur est intense semblent réunir toutes les conditions qui assurent un progrès rapide aux races nées sur leur sol. Les besoins y sont simples et les choses nécessaires s'offrent d'elles-mêmes ; la demeure n'est pas autre chose qu'un abri contre le soleil : telle, la tente de l'Arabe ou la hutte de bois de l'Hindou. La douceur du climat rend tout vêtement inutile ; une saine nudité ou bien un simple voile de décence dont le cotonnier offre la matière toute préparée pour le tissage ne coûtent rien au temps et aux forces de l'homme. Une petite quantité d'aliments suffit pour le soutenir, et ces aliments, tous végétaux, lui épargnent les difficultés de la chasse et de la pêche ; de plus, un sol in-

croyablement fertile les fournit gratuitement.
C'est dans ces régions en effet que poussent à
l'état natif le riz qui est la plus nutritive des
céréales, le palmier dont on a vu deux cents
prospérer dans l'espace d'un arpent, le dourrha
égyptien dont le rendement est de deux cent
quarante pour un, le maïs qui a donné au
Mexique jusqu'à huit cents pour un, enfin le
bananier, qui peut fournir, dans l'étendue d'un
arpent, la nourriture de cinquante personnes,
tandis que la même étendue semée en blé n'en
peut nourrir que deux. Une telle surabondance
de ressources, combinée avec une telle modicité
de besoins, semble prédestiner les climats
chauds à être le siége du premier développement social, car elle assure à l'homme, dès le
principe, de vastes loisirs et l'hérédité suivie
des générations.

Toutefois il arrive souvent que ces avantages
si décisifs sont contrariés et annulés par d'autres
conséquences de l'extrême chaleur. Ici, par exemple, les ardeurs du soleil ont séché les sucs de
la terre, brûlé ses productions, recouvert une
immense étendue d'une stérile couche de sable.

C'est le cas de l'Arabie et de la partie centrale du continent africain. Toutes les facilités que procure la fécondité gratuite de la terre disparaissent donc ici par exception, et nous retrouvons au contraire toutes les conditions défavorables que produit la stérilité du sol dans les contrées froides. Aussi les populations de l'Arabie sont-elles restées stationnaires pendant des siècles, et de nos jours celles de l'Afrique se sont montrées à Livingstone dans le plus triste état d'infériorité intellectuelle et morale.

Il y a un autre cas particulier : c'est celui où une chaleur intense se combine avec une grande humidité ; alors c'est la richesse même de la nature qui devient un obstacle au progrès. C'est ce qui est arrivé au Brésil. On s'étonne de voir que dans le pays le plus fertile de l'univers, un cinquantième à peine de la terre soit cultivé ; que sur un espace quatorze fois grand comme la France, il y ait à peine huit millions d'âmes, et que cette population n'ait en aucun temps fait figure dans l'histoire du monde. Un esprit subtil et profond, Buckle, a résolu cette contradiction apparente. Il attribue les lenteurs

de la civilisation brésilienne à l'extrême chaleur et aux vents alisés. Après avoir traversé
toute l'étendue de l'Atlantique, ces vents arrivent
chargés de nuages ; arrêtés par les Cordillères,
ils laissent tomber dans la plaine que ces montagnes bornent à l'ouest une énorme charge
d'humidité qui, jointe aux ardeurs d'un ciel de
feu, donne à toute la nature vivante des pro-
portions presque monstrueuses. L'homme n'est
pas seulement ébloui jusqu'à l'épouvante ; il est
écrasé. Il n'arrive pas à prendre possession de
ce monde matériel dont les dimensions et la
fécondité exubérante l'effrayent, l'annulent, le
refoulent à chaque pas. La largeur des fleuves
défie les ponts qu'il essaie de construire ; les
forêts impénétrables et pullulentes referment
en quelques jours les sentiers qu'il y ouvre ; des
carnassiers redoutables, des reptiles en défendent l'entrée ; des ouragans arrachent de terre
ses édifices ; des plaies de sauterelles, des nuées
d'oiseaux dévorent ses moissons ; des milliers
d'êtres animés empoisonnent de leurs détritus
l'air de ses belles vallées ; en un mot, la puis-
sance et la profusion même de la nature phy-

sique le tient à l'étroit, le réduit à l'insigni-
fiance. Bien loin qu'il soit le maître et le roi,
il n'est qu'un des membres les plus faibles et
les plus menacés de cette faune et de cette
flore exubérantes au sein desquelles il demeure
perdu.

Ces faits sont particuliers à certaines régions ;
mais il y a en outre une influence générale qui
s'exerce dans tous les pays où règne une température élevée. La nature a beau y combler
l'homme de ses dons, c'est l'homme qui fait ici
défaut à la nature. Accablé par la chaleur, il
donne au sommeil et à des rêves stériles le loisir que lui laisse une facile subsistance. Toutes
les fonctions de l'âme et de l'esprit, et surtout
celles qui sont saines, pratiques, fécondes en
produits durables, s'arrêtent et languissent.
L'attention, l'effort, le travail suivi, devien-
nent impossibles à l'homme, et non moins
qu'eux la civilisation dont ils sont l'instrument
nécessaire. Parcourez les pays où la température habituelle est très-élevée : la civilisation y
est rare, aucune civilisation n'y est autochthone.
On peut dire que la zone torride n'a pas, par

elle-même, ajouté une obole au capital du genre humain. Quant au Mexique, à Panama, à l'Hindoustan, qui font en apparence exception à la règle, ils y rentrent et la confirment; le progrès n'y est pas né sur place, il y a été importé par des races venues de contrées plus septentrionales et plus froides; ici, par les Toltèques, dont on peut suivre la trace depuis le nord du Mexique jusque dans l'isthme, à Uxmal, à Copan, à Palenque; là, par les Aryens, descendus des plateaux du Kaboul. Quant aux races indigènes, plusieurs siècles n'avaient pu les faire sortir de l'état de barbarie.

Si vous groupez ensemble dans votre esprit toutes les considérations qui précèdent, il en ressortira cette conclusion générale : que la civilisation primitive, ne pouvant se développer ni dans les pays très-froids, ni dans les pays très-chauds, se sera tenue dans une région moyenne, également éloignée du pôle et de l'équateur; et l'histoire confirme pleinement cette induction.

Si, en effet, vous étudiez la carte du monde, vous voyez que toutes les civilisations antérieures, je suppose, à l'an 500 avant J.-C. sont comprises dans un étroit espace, entre le trentième et le quarantième parallèle.

En Asie, cet intervalle est celui de Péking à Nanking, foyer de la civilisation chinoise; il enserre le plateau du sud de la Boukkarie, où se sont constitués les premiers groupes de la race aryenne, et le Penjab, berceau de la société brahmanique; il comprend l'emplacement des empires assyriens, perses, phéniciens, lydiens, juifs; tandis que le trentième parallèle passe à Memphis, siége des premières dynasties égyptiennes, le quarantième découpe la Grèce méridionale, rejetant au nord la Macédoine et la Thrace, si longtemps barbares; laissant en dehors de la zone prédestinée l'Italie étrusque et romaine, il sépare de la Péninsule cette région méridionale, qu'on appela la Grande-Grèce, et qui atteignit avant tout le reste un si haut degré de prospérité et de culture. Enfin il partage en deux le continent espagnol, de façon à isoler de la partie septentrionale barbare, tout le pays qui a été le siége de l'antique colonisation phénicienne et carthaginoise, Tartessos, Gades,

Carthagène. N'est-il pas curieux de voir que la civilisation primitive ait ainsi occupé et recouvert cette bande horizontale étroite, avec une exactitude si parfaite qu'elle semble s'être fait scrupule de déborder dans un sens ou dans l'autre, et qu'en effet, sauf une légère bavure de 4 ou 5 degrés vers la Thébaïde égyptienne, elle n'a point débordé?

A la vérité, nous trouvons encore ici le Mexique et l'Indoustan qui font une place à deux beaux exemplaires d'une haute culture intellectuelle au sud du trentième parallèle. Mais cette anomalie apparente s'explique par les conditions particulières des pays qui les confinent immédiatement au nord. Ce sont les États-Unis dont le climat inconstant vous est connu ; c'est le Kaboul, où le froid est si intense qu'une armée anglaise faillit y geler en 1842. Il est naturel et conforme aux lois précédemment énoncées, que ces circonstances défavorables aient dû reporter de quelques degrés plus au sud le siége du premier développement social.

V

Une dernière circonstance, les caractères de la faune et de la flore de chaque pays, complète le cercle étendu des causes naturelles qui aident ou nuisent à la civilisation. Par exemple, l'absence de bêtes de somme et de labour pourra retarder pendant des siècles le progrès social, en consommant pour des œuvres inférieures et en vue de pauvres résultats, une grande partie des forces et du loisir de l'homme. C'est ce qui est arrivé au Mexique, où le dindon, agréable superflu, ne pouvait compenser à lui seul l'absence du bœuf, du cheval, de l'âne, du chameau, du mouton, de la chèvre. Par une raison du même ordre, l'Asie centrale, patrie du cheval, de l'hémione et du yack; l'Inde qui a quatre espèces de bœufs, et où toutes les familles de mammifères sont représentées, étaient naturellement plus propres à seconder le développement de la société humaine, que le Brésil qui est surtout riche en oiseaux, ou que les îles de la Sonde où les reptiles abondent. De plus on ne peut nier que les pays où l'aliment par excellence, je veux dire les céréales, se rencontre à l'état natif, n'aient offert des conditions beaucoup plus propices aux premières générations que ceux où elles manquent. A ce titre, la station géographique du seigle, de l'avoine, du froment, de l'orge, tous originaires de l'Asie centrale, expliquent pour une grande part la priorité de ce continent dans l'œuvre de la civilisation primitive.

J'indique seulement ici, Messieurs, une dernière conséquence à laquelle les faits précédents nous amènent, c'est que le progrès, ayant son premier foyer dans l'Asie centrale, au pied de cet infranchissable massif de montagnes qui enferme à l'est et au nord le territoire chinois, a dû tendre à se propager au sud et surtout à l'ouest, sur cette large voie qui, par les plaines de l'Asie, mène aux derniers confins de l'Europe. Cette loi curieuse est en effet confirmée tant par l'histoire générale des migrations

aryennes que par les dates du développement
social dans les trois presqu'îles européennes,
la Grèce, l'Italie, l'Espagne.

VI

Maintenant, Messieurs, dans cette zone si
nettement limitée et suivant cette direction
marquée d'avance, les considérations qui précèdent nous découvrent les deux faits nécessaires qui ont aplani la voie au progrès. Ce
sont la *conquête* et *l'esclavage*. Dans ce segment
prédestiné de la sphère terrestre se retrouvent,
en effet, à un moindre degré, les deux natures
de sol et de climat dont nous avons indiqué les
effets moraux et sociaux : ici, des contrées mon-
tagneuses, froides, stériles, un peuple affairé au
milieu d'une nature pauvre ; là, de grandes plaines chaudes et fertiles, des hommes amollis par
la douceur du climat et la facilité de la vie. Ce
simple énoncé suffit pour vous suggérer l'idée
de la conjonction de circonstances la plus fa-

vorable au progrès de la société humaine : c'est celle où des peuplades énergiques, formées et trempées dans un climat rigoureux, sur une terre ingrate, envahissent une contrée plus favorisée. Là elles trouvent une abondance spontanément offerte, des ressources qu'elles ne paient ni de leur travail, ni de leur temps ; elles les développent rapidement avec l'industrie et l'énergie qu'elles ont acquises en luttant contre une nature plus rebelle ; le capital social est constitué, il donne la sécurité, le loisir ; en même temps, les vaincus devenus esclaves épargnent aux vainqueurs les travaux absorbants et de pure conservation ; ainsi se trouve dégagé au profit des œuvres sociales supérieures un surplus de force et d'activité, qu'épuisaient en entier dans le pays d'origine les soins de l'existence matérielle. Évidemment, Messieurs, partout où de telles circonstances se seront trouvées réunies, le progrès était infaillible ; or il suffit que l'esprit les conçoive, pour comprendre qu'elles constituent la forme générale de tous les développements primitifs, et en quelque sorte le procédé nécessaire de la civilisation à sa naissance. On peut affirmer sans hésitation, que pendant une longue période aucun progrès marqué n'a dû s'accomplir que par l'*invasion* et au moyen de *l'esclavage*.

L'histoire confirme ces déductions. Dans l'Hindoustan, c'est un peuple conquérant venu du Nord qui a été l'artisan de la civilisation primitive ; en Babylonie, la classe dominante et éclairée des Chaldéens avait, d'après une théorie plausible de M. Renan, une origine étrangère et septentrionale. C'est par les froides régions du Nord, que les pères de la civilisation grecque ont pénétré dans leur pays, et selon l'opinion de Mommsen, les premières races progressives de la Péninsule italique y sont entrées par les Alpes. Au moins ses antiques conquérants, les Étrusques, avaient-ils d'abord séjourné pendant longtemps au sein des neiges rhétiennes. Enfin, à une époque plus récente, l'admirable entrain de la société arabe, succédant à des siècles de vie nomade et grossière, au moment même où la race quitte ses sables pour les belles plaines de la Syrie, de l'Égypte et de la Perse, confirme avec une clarté

nouvelle, pour toute la période primitive, la
fonction de la conquête et de l'esclavage au
début de tout beau et durable développement.

VII

Nous avons épuisé en quelque sorte les lois
qui règlent la première éclosion du progrès.
Parvenus à ce point, comment ne pas dire un
mot des conditions du même ordre qui assis-
tent ou entravent la civilisation dans ses développements ultérieurs?

Nous avons laissé la tribu conquérante consommant, au profit des œuvres supérieures de
la civilisation, l'excédant d'énergie et de loisir
qu'elle doit aux leçons antérieures d'un climat
plus rude et à la facilité de la vie sous un ciel
plus doux. Vous saisissez d'un coup d'œil à
quelle condition ce travail progressif pourra se
poursuivre : il faut, avant tout, que les vainqueurs conservent leur vigueur d'esprit et de
caractère, menacée par l'influence énervante

du climat et de l'oisiveté. Or, cette vigueur se perdra nécessairement, si, à mesure que leurs moyens de dompter les résistances naturelles se perfectionnent, ils demeurent au sein d'une nature déjà soumise, sans exercer et développer leur énergie par un travail d'une difficulté proportionnée à leurs ressources accrues.

C'est ce qui est arrivé, par exemple, aux Perses vainqueurs des Assyriens; ils sont devenus, avec le temps, semblables à la race amollie qu'ils avaient remplacée. Ainsi se découvre cette loi : que la civilisation, une fois sortie de la période de formation, n'échappe à la langueur qu'en se déplaçant, et que, pour continuer ses progrès, il faut qu'elle aille sans cesse à la rencontre d'une nature plus rebelle. De là, une tendance qui la pousse du Midi vers les terres ingrates du Nord, et qui, combinée avec l'autre courant que nous avons signalé d'Est en Ouest, produit la direction diagonale que le progrès a réellement suivie à travers des régions d'une pauvreté croissante, depuis les Indes où la nature elle-même soutenait maternellement ses premiers pas, jusqu'aux îles Bri-

tanniques, où tout semble le produit de la vo-
lonté, l'œuvre de l'art, le prix du combat.

Le progrès est soumis à une autre condition,
dans sa période ultérieure. Si le mouvement, si
l'échange et le mélange des idées font défaut,
la civilisation s'arrête, l'esprit humain reste
stationnaire; l'absence des termes de comparaison lui ôte le tremplin d'où il s'élance vers
les idées nouvelles; les préjugés, les passions
subsistent indéfiniment et le bon sens, ce lent
dépôt que laisse après elle la diversité des
points de vue où l'esprit s'est placé, ne peut se
former au sein de cette société et de ce monde
immobiles. C'est ce qui s'est vu en Égypte par
exemple; ce pays, clos à l'Est et à l'Ouest par
des rochers ou des sables, au Nord, par le diffi-
cile abord du Nil déjà signalé par Homère, a
produit en quelque sorte de sa substance toute
une brillante civilisation, digne d'un climat et
d'un sol si singulièrement favorables. Mais,
après cette belle floraison, nul courant du dehors n'a renouvelé sa séve intérieure; ses forces
se sont épuisées, un pesant esprit de conservation superstitieuse et d'imitation froide s'est

étendu sur ce peuple, et le soin du progrès est passé à d'autres races plus mobiles et plus sociables.

Cette nécessité du mouvement que nous venons de vérifier par l'exemple particulier de l'Égypte, éclaire d'une vive lumière un fait bien autrement étendu et important : c'est par elle que s'explique la supériorité de l'Europe sur l'Asie, dans la seconde période de la civilisation.

Il suffit en effet d'étudier la configuration géographique de ces continents, pour comprendre que le premier est bien mieux fait que l'autre pour opérer un actif mélange des idées et des hommes.

Au premier coup d'œil jeté sur ces deux grandes surfaces, vous voyez que leur structure générale est la même; au nord, l'énorme massif de l'Allemagne et de la Russie répond à la Tartarie et à la Chine; la France, avec son admirable découpure de côtes et les îles Britanniques en avant d'elle, tout cela tourné vers le nouveau monde, ressemble à l'Asie Mineure précédée de ses Cyclades, dernière station du progrès dans le monde oriental. Enfin au sud des deux continents il y a trois presqu'îles : l'épais carré de l'Espagne répondant à celui de l'Arabie, l'Italie à l'Hindoustan, la Grèce à l'Indo-Chine. Il y a donc symétrie, similitude de coupe; mais, après cela, que de différences! Que ces lourdes attaches de l'Hindoustan, qui séparent invinciblement ses deux golfes, rendent peu l'effet de cette Italie si fine, si déliée, réunissant plutôt qu'elle ne disjoint ses deux mers! Et cette presqu'île allongée, filandreuse, et comme rapiécée de l'Indo-Chine, comme elle représente mal la Grèce! Voyez celle-ci avec son petit corps compact, tout fait d'os et de nerfs, ses arêtes lancées dans tous les sens, ses golfes innombrables ouverts à la mer, c'est-à-dire aux pirates, aux voyageurs, aux marchands, c'est-à-dire encore au mouvement, à l'échange des idées, aux impressions multiples d'où sort le progrès. Quelle explosion de joie, de lumière et de vie! « Comme cette petite Grèce scintille sur la carte![1] » Comme elle éclaire toute cette côte

---

[1] (Mot de M. Michelet).

méditerranéenne groupée et comme attentive
autour d'elle !

Et ce dernier mot nous amène à une diffé-
rence plus décisive encore : les trois presqu'îles
asiatiques plongent dans le vague indéfini de la
mer des Indes ; elles n'ont rien devant elles, si-
non le long et monotone voyage jusqu'au pôle.
Les presqu'îles européennes au contraire font
face à cette belle côte salubre, fertile, habitée
du massif africain, qui leur fait écho, qui re-
percute leurs voix. Elles apparaissent ainsi
comme fermées sur elles-mêmes, emprisonnées
dans leur golfe et forcées de tourner sans
cesse dans cet étroit espace, s'entrecroisant, se
heurtant, mélangeant les génies multiples que
leur apportent les trois continents qui les en-
serrent. Tandis que l'Asie offre quelque chose
de puissant, mais en même temps de lourd,
d'engorgé, d'immobile, d'indéfini ; la simple
configuration de l'Europe nous fait voir en elle
non-seulement l'image de la mobilité, mais un
merveilleux organe de circulation et de vie, un
admirable agent de combinaison, de réduction,
de condensation. A ce titre on peut dire que

les destinées des deux génies et des deux civilisations asiatique et européenne étaient d'a-
vance écrites sur la carte, et, en effet, l'histoire
de l'esprit confirme et vérifie ce que la géo-
graphie vient de nous prédire.

C'est cette histoire, Messieurs, que nous pren-
drons hardiment pour matière dans les leçons
qui vont suivre. Dans les grands aspects qui
suggèrent à l'homme ses premières conceptions
du monde et de la vie; dans la langue, gar-
dienne des premières et décisives divisions de
sa pensée; dans la grammaire, qui note pour
ainsi dire le pas et l'allure de son intelligence;
dans la littérature, la morale, la religion, où
se reflètent ses passions dominantes et où s'é-
panouit son plus haut idéal, dans la politique
dans la hiérarchie sociale, dans la vie mon-
daine, où donc encore?... Nous irons partout
chercher et saisir à leur origine les traits com-
muns, qui forment la physionomie générale et
comme le *type* d'une race ou d'un siècle. Plus
tard, quand l'architecture comparée vous mettra
en présence des monuments eux-mêmes, fils
aussi de ces grandes forces morales que vous

aurez étudiées dans leurs autres œuvres, vous aimerez à reconnaître et à distinguer ces mêmes types, et vous observerez avec intérêt l'air de famille qui rapproche le génie limpide d'un Homère, de la claire architecture du temple grec. Plus d'une fois, l'essor de ces considérations générales nous entraînera en apparence bien loin de votre art spécial et pratique; au fond, ce sera pour nous en rapprocher dans un ordre de rapports plus élevé. Quatre siècles avant notre ère, un de vos confrères, Pitthæus, disait déjà que l'architecte devrait exceller dans tous les arts et dans toutes les sciences; et, il y a un an, je me rappelle avoir lu cette phrase dans un petit cahier rouge où Delacroix laissait tomber ses pensées entre deux esquisses : « On n'est un grand artiste qu'à la condition d'être universel. » Le programme nécessairement limité et positif d'un enseignement classique ne saurait se conformer à la lettre à ces nobles axiomes; mais il doit en prendre l'esprit en vous ouvrant au moins quelques points de vue généraux par-dessus vos études spéciales; il doit surtout le faire pénétrer dans l'artiste qui, lui,

est libre, en étendant sa curiosité par delà
l'horizon ordinaire de son art, en lui inspirant
les vastes désirs et les longues pensées qui le
ramènent par le grand tour aux œuvres con-
densées et fécondes, et sans lesquelles il ne se
fait rien que de médiocre et de servile. Je croi-
rai mon but atteint si cet humble enseignement,
composé d'échappées rapides sur l'histoire des
sociétés humaines, vous laisse le goût des vues
générales et l'ambition de pénétrer plus avant
dans ce que, à regret, il ne peut qu'effleurer.